Elisabeth Kübler-Ross

Leben und sterben lernen

Trost in Zeiten der Trauer

GÜTERSLOHER VERLAGSHAUS

LAGOline

Am Ende des Lebens

In diesem Augenblick werden wir wissen,
dass die Liebe das absolut Einzige ist,
das zählt.

Alles andere,
unsere Leistungen und Auszeichnungen,
das Geld, das wir verdient haben,
oder wie viele Pelzmäntel wir besaßen,
ist völlig irrelevant.

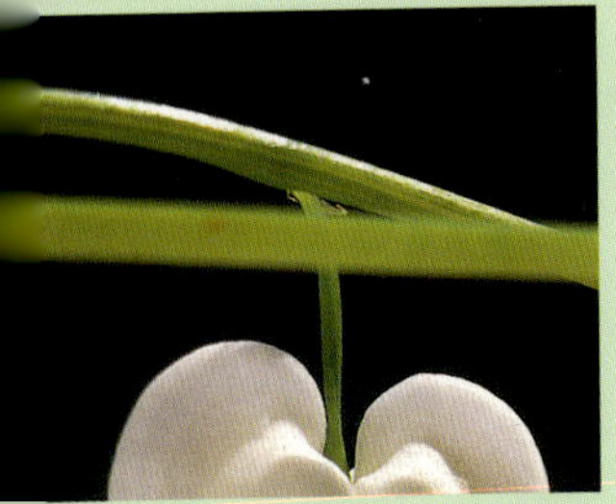

Und wir werden begreifen,
dass es nicht wichtig ist,
was wir tun.
Das Einzige, das zählt, ist,
wie wir es tun, das heißt,
ob wir es mit Liebe tun.

Reif werden

Reif werden ist der einzige Zweck aller Existenz auf diesem Planeten Erde.

Sie werden nicht reif werden, wenn Sie in einem wunderschönen Garten sitzen und man Ihnen, wann immer Sie es wollen, das herrlichste Essen auf einem silbernen Tablett serviert.

Doch Sie werden sehr wohl reif werden, wenn Sie krank sind, wenn Sie Schmerzen haben, wenn Sie einen Verlust erleiden und trotz allem Schweren, das Ihnen widerfährt, den Kopf nicht in den Sand stecken, sondern den Schmerz aushalten und lernen, ihn zu akzeptieren, ihn nicht als Fluch oder Strafe zu sehen, sondern als ein Geschenk, mit dem jemand eine ganz besondere Absicht verfolgt.

Das Wunder des Lebens

Wenn die Menschen den Sinn des Lebens,
den Sinn auch von Schmerzen, ja sogar von Tragödien, und das unfassbare Wunder des menschlichen Lebens wirklich begreifen lernten, dann würden sie dieses Wunder jeden neuen Tag segnen, und zwar nicht nur seine Freuden und Höhepunkte, sondern auch und vielleicht sogar ganz besonders die schwierigen Zeiten.

Die Schule des Lebens

Wir alle werden langsam aber sicher gewahr, dass das Leben in seiner physischen Form im Grunde nur eine Schule ist, in der wir lernen, in der wir reifen und in der wir Prüfungen bestehen müssen.

Je weiter unsere Entwicklung fortschreitet, desto härter werden die Prüfungen.

Und allmählich wird uns auch klar, dass es auf diesem Weg weder Lehrer noch Schüler gibt: Wir sind alle nur Schüler, wenn auch auf verschiedenen Ebenen.

Uns selbst lieben

Wir müssen bei uns selbst anfangen,
denn wir können die anderen nicht lieben,
wenn wir uns selbst nicht lieben.

Und wir können den anderen nicht vertrauen,
wenn wir uns selbst nicht trauen können.

Wenn wir diesen Anfang
erst einmal gemacht haben,
wird es immer leichter werden.

Angstfrei leben

Sie machen sich keine Vorstellung davon, wie viele Menschen neunzig Prozent ihrer Lebenskraft durch ihre Ängste verlieren und wie viele alltägliche Entscheidungen von Ängsten diktiert werden.

Diese Ängste sind das allergrößte Problem, mit dem wir es zu tun haben.

Denn nur wer ein – abgesehen von den natürlichen Ängsten – angstfreies Leben führt, kann wirklich erfüllt leben.

Nur Menschen, die keine Angst davor haben, was die Nachbarn sagen, die keine Angst haben, nicht geliebt zu werden, leben ein ganzes, volles Leben.

Leben und sterben lernen

Sterbende lehren uns nicht nur etwas
über den Prozess des Sterbens,
wir können von ihnen auch lernen,
so zu leben, dass wir keine unerledigten
Dinge in unserem Leben mitschleppen,
die uns belasten.

Menschen, die wirklich gelebt haben,
haben weder vor dem Leben noch vor dem
Sterben Angst.

Wirklich leben bedeutet, nichts Unerledigtes
mit sich herumschleppen zu müssen.

Richtig leben

Wenn Sie richtig leben, werden Sie nie, gar niemals Angst vor dem Tod haben.

Sterben ist nichts Schlimmes, sondern etwas Schönes.

Sie brauchen sich keine Sorgen darüber zu machen. Stattdessen sollten Sie sich lieber Gedanken darüber machen, was Sie heute tun.

Wenn Sie heute in Ihrem Leben in allem die ethisch hochstehendste Entscheidung treffen, nicht nur in dem, was Sie tun, sondern auch in dem, was Sie sagen und denken, dann wird der Augenblick Ihres Todes für Sie ein unfassbar seliger Augenblick sein.

Vom Sinn des Leidens

Die meisten Menschen sehen alle Schwierigkeiten, die sie im Leben bewältigen müssen, alle Prüfungen und Bedrängnisse, alle Alpträume und jeden Verlust immer noch als einen Fluch oder eine Strafe Gottes, als etwas Negatives an:

Wenn Sie doch nur erkennen könnten, dass nichts, das Ihnen zustößt, wirklich schlecht ist! Und ich meine wirklich nichts. Alle Drangsale und Prüfungen und auch die schwersten Verluste, die Sie treffen mögen, sind in Wirklichkeit Geschenke an Sie.

Alles Schlimme, das Ihnen zustößt, ist eine Chance,
eine Möglichkeit, die Ihnen gegeben wird:
die Möglichkeit zu wachsen und reif zu werden.

Die Herausforderungen des Lebens

Dinge, die wir für Tragödien halten, sind nur dann wirklich Tragödien, wenn wir sie dazu machen. Wir können uns genauso gut dazu entschließen, sie als Chancen zu sehen, als Möglichkeit zu reifen.

Dann wird uns sehr rasch klar, dass die angeblichen Tragödien in Wirklichkeit Herausforderungen sind, Winke, die wir brauchen, um unser Leben zu ändern.

Wenn Sie am Ende Ihres Lebens stehen und zurückblicken – nicht auf die schönen Zeiten, sondern auf die stürmischen Tage, dann werden Sie feststellen, dass es die Stürme sind, die Sie zu dem gemacht haben, was Sie heute sind.

Wirklich leben

Es ist ungeheuer wichtig,
dass Sie nur das tun,
was Sie wirklich gerne tun.
Vielleicht sind Sie dann arm,
vielleicht haben Sie Hunger,
vielleicht haben Sie kein Auto mehr
und müssen in eine schäbige Wohnung ziehen,
aber Sie werden auf jeden Fall wirklich leben.

Und am Ende Ihrer Tage
werden Sie glücklich
auf Ihr Leben zurückblicken,
weil Sie das getan haben,
wozu Sie bestimmt waren.

LAGOline®

Titel auf der Audio-CD

1. Am Ende des Lebens 5:44
   Text: Elisabeth Kübler-Ross Musik: Matthias Hülsemann
   Sprecherin: Gerhild Schüddekopf Copyright © by LAGOline Music OHG, Lüneburg

2. Leben und sterben lernen 4:10
   Text: Elisabeth Kübler-Ross Musik: Matthias Hülsemann
   Sprecherin: Gerhild Schüddekopf Copyright © by LAGOline Music OHG, Lüneburg

3. Land Of Silence 4:09
   Musik: Matthias Hülsemann
   Copyright © by LAGOline Music OHG, Lüneburg

4. True Love 4:10
   Musik: Matthias Hülsemann
   Copyright © by LAGOline Music OHG, Lüneburg

Bibliografische Information der Deutschen Nationalbibliothek
Die Deutsche Nationalbibliothek verzeichnet diese Publikation in der Deutschen Nationalbibliografie; detaillierte bibliografische Daten sind im Internet über http://dnb.d-nb.de abrufbar.

1. Auflage

Umschlaggestaltung: LAGOline OHG, Lüneburg
Umschlagfoto: © Giedrius - Dreamstime.com
Fotos im Innenteil: © Willi Rauch
Satz: Matthias Hülsemann
Reproduktionen: LEO Paper
Druck und Einband: LEO Paper
Printed in PRC
ISBN 978-3-579-06823-7

www.gtvh.de

GÜTERSLOHER VERLAGSHAUS